INSTITUT INTERNATIONAL

POUR

LA JEUNESSE OPULENTE

ET

PATRONAGE POUR LES LIBÉRÉS

DES

PÉNITENCIERS VOISINS

PAR

UN ÉMÉRITE DE LA JUSTICE ET DE LA PRESSE, DE LA TOLÉRANCE ET DE L'AGRICULTURE

NEW-POWRCELLES LÈS-GARDANNE (BOUCHES-DU-RHONE)

GENÈVE

IMPRIMERIE JULES-GUILLAUME FICK

1874

Ce programme, simple aperçu de projets mis longtemps à l'étude et bientôt mis à exécution, sera suivi de prospectus techniques et plus détaillés. Il y a lieu d'attendre que soient totalement disposés l'établissement de la ville, celui de la campagne et toutes autres dépendances.

DEUXIÈME ANNEXE

SUR

LA JUSTICE

ET

LES JUGES

PROGRAMME

Cet ancien procureur général qui, seul peut-être de tous les chefs de parquet de France, survit au gouvernement constitutionnel, et qui, ancien président du comité grec, survit également à toutes les associations philhelléniques d'Europe, ne craint pas d'invoquer de pareils titres à la justice de son pays et à l'appui d'une œuvre depuis longtemps méditée, réfléchie et arrêtée dans son esprit.

Après une carrière magistrale de plus d'un demi-siècle, peut commencer la carrière philanthropique. Et l'on ne doit pas craindre d'évoquer quelques-uns de ces précédents qui, dans une studieuse retraite, sont toujours présents à notre pensée.

Quelle que soit l'importance de l'œuvre à entreprendre, les forces et l'appui ne manqueront pas. On nous le dit de tous côtés : *Vires acquirit eundo.* Sans cesse nous nous trouvons en présence de ces grands travaux d'outre Manche, œuvres de bienfaisance et de raison, possibles dans un pays qui donne à tous les autres l'exemple de la régénérescence par l'application directe des trois libertés constitutionnelles. Pourquoi ne pas chercher à l'imiter ici, et dans l'indication rapide d'un double projet montrer à tous un but également libéral et utile? Certes, ce n'est pas sans grande consolation qu'on laissera, à la fin d'une vie plus qu'octogénaire, le digne modèle du magistrat et du philanthrope.

Du reste, nous ne sommes pas le premier à marcher dans cette voie. Déjà les Monthyon, les Monclar, les de Metz nous y ont précédé. Et nous avons sur eux l'avantage d'avoir pu étudier dans notre ressort même la grande organisation de l'Angleterre, de voir de près la mise en pratique de ces institutions, et de trouver à côté de nous des intelligences douées des mêmes notions et animées du même esprit de libéralisme.

Ce n'est pas de parcourir et de visiter un pays qui peut souvent donner la meilleure idée de son existence propre et de son caractère intime. Il suffit d'avoir été merveilleusement initié à sa vie intime par le contact immédiat de ce qu'il a compté de plus grand et de plus illustre.

Pourquoi craindrions-nous de répéter ce que l'on nous a dit si souvent de loin et de près, que l'Angleterre elle-même s'était approchée de nous, à Cannes, dans la personne de son plus illustre chancelier et y avait trouvé l'adepte le plus sympathique aux grandes réformes qu'elle venait d'accomplir et qui ne sont pas moins urgentes chez nous.

Du premier coup d'œil, il nous a jugé digne de partager ses vues et de saper les imperfections si nombreuses de nos institutions.

Une surtout maintenant doit principalement et désormais attirer notre attention.

L'*instruction* à tous les degrés a besoin, et on le sent, des plus pressantes réformes. Chacun doit en conséquence chercher à seconder, à raviver cet élan d'émulation qui commence à se faire sentir, aider de toutes ses forces à la propagation des idées saines et nouvelles qui se présentent en discussion parlementaire, en méditation privée et en exécution individuelle.

Déjà, on se félicite en Angleterre et en Allemagne de ce qu'on appelle le *demi-temps d'école* et le *demi-temps de travail*, c'est-à-dire le partage de la journée entre des occupations scolaires et des occupations ouvrières.

Quant à nous, notre but est, en outre, de mettre un terme à l'éducation tout à fait incomplète, sous tant de rapports, des jeunes gens riches et à la croissante dégradation des classes pauvres.

Chacun peut avoir, sur ce terrain si fécond et si propice, la part qui est dans sa vocation, dans l'application de ses principes et dans l'acquisition de modestes et durables triomphes.

Au reste, cette pensée se retrouve dans l'esprit de ceux qui commentent le système d'éducation moderne et en particulier les programmes de nos colléges, de nos cours publics et des concours généraux ou autres. Toutes ces idées sont relevées d'une façon très-juste par un de nos plus judicieux écrivains de la presse française: [1]

« Lorsqu'on a vu que c'est en vers latins sur le daguerréotype, sur les puits artésiens, sur le percement du canal

[1] M. Paul Leroy-Beaulieu.

de Suez, que l'on appelle à des tours de force l'intelligence des adolescents de France; lorsqu'on examine les discours latins et français; lorsqu'on aura deux fois la semaine, soit en français soit en latin, fait à 17 ans la leçon aux rois, aux législateurs, aux puissances; traité en maître les plus hautes questions sociales; façonné l'esprit de notre jeunesse française dans un même moule inutile et même dangereux ; qu'à force de haranguer des élèves, on en aura fait des harangueurs de profession ; qu'on leur aura inspiré l'amour du lieu commun et des phrases sonores; croit-on donc en avoir fait des hommes? »

Toutes ces habitudes les suivront plus tard dans les diverses carrières qu'ils embrasseront.

Il faut faire au contraire des esprits pratiques, doués de précision et de clairvoyance, maîtres d'eux-mêmes à tout âge, librement associés entre eux, quelles que soient leur origine et leur destinée; n'ayant d'autre ambition que le libre travail, l'association volontaire convenante et utile. Il faut la liberté dans l'éducation : qu'en même temps qu'il apprend et étudie, l'enfant voie autour de lui ce qui se fait et entende ce qui se dit de la vie réelle et actuelle. Alors seulement il pourra entrer d'un pas assuré dans la grande école de l'expérience et de la vie.

INSTITUT INTERNATIONAL

Voici l'exposé de cet institut, dont nous n'avons certes pas la prétention d'être l'inventeur, mais dont nous voulons donner l'exemple dans la contrée qui en a le plus besoin.

Est-il pour cela de localité mieux située qu'une vieille cité parlementaire et une contrée saine et florissante? Et nulle part aussi l'on ne trouverait d'établissements plus propices qu'une vaste et belle ferme et qu'un ancien et spacieux hôtel.

Il est rare de rencontrer un air plus salubre, une vue plus étendue que sur ce vaste plateau élevé de 290 mètres au-dessus du niveau de la mer, et d'où l'on distingue les Bouches du Rhône, celles du Var, les départements de Vaucluse et des Basses-Alpes.

Jamais les épidémies n'ont atteint les nombreux bestiaux que renferme New-Powrcelles. Et quand la maladie porcine fait dans les arrondissements voisins tant de mal, elle ne pénètre jamais dans cette belle porcherie qui renferme plus de 40 mères, leurs verrats et des gorets par centaines.

Tout s'y trouve sous la main pour l'éducation pratique et agréable d'un futur *gentleman-farmer*. De vastes terres labourables, des récoltes de toutes sortes; un parc, une garenne supérieurement montée; un chemin de fer; tous les arbres fruitiers; d'immenses et nouveaux bâtiments; des instruments d'agriculture de chaque espèce ; et enfin de vastes bois où l'on pourra se livrer au plaisir et au délassement de la plus belle chasse de nos contrées.

S'il n'y avait trop à dire en relevant tant d'avantages sur place, à quelques heures d'Aix, de Marseille et de Toulon, nous n'insisterions pas sur l'utilité d'un pareil institut qui doit offrir à la jeunesse fortunée des ressources de travail et tous les agréments désirables, en même temps que procurer d'utiles ressources à de jeunes libérés trop souvent sollicités par la récidive dès leur apparition en grande ville.

De telles institutions, que l'on pourrait appeler *en partie double*, présentent de nouveaux et rapides moyens d'amélioration sociale.

Ce n'est pas seulement une propriété des champs présentant tous les agréments désirables que nous offrons à nos jeunes internationaux ; mais encore, en ville, un hôtel des plus confortables et presque des plus historiques. C'est dans ces vastes salons d'une silencieuse cité que résida et mourut le plus éminent prélat du premier empire. Plus tard, cette demeure devint la propriété d'un marquis représentant la meilleure aristocratie de son pays.

C'est cette grande habitation avec ses magnifiques marronniers, son préau si étendu, ses remises et écuries, que nous destinons aux exercices intellectuels et corporels de nos jeunes internationaux.

Ici, en vieille cité parlementaire et universitaire, ils pourront suivre les cours scientifiques de nos diverses facultés, des académies de dessin ; ils auront à leur disposition vaste bibliothèque, musée, collége des mieux administrés de France.

Ces aperçus ne paraîtront certainement pas inutiles si l'on considère que six, huit, dix et plus pourront être admis à cet institut international.

Jeunes gens du dehors ou d'alentour, de bonne maison et de bonne éducation. Aujourd'hui, nos écoles de droit, nos facultés des lettres et autres, reçoivent des élèves qui sont pourvus de leurs diplômes spéciaux d'études préliminaires et qui, à la sortie des lycées ou des autres établissements d'instruction, s'en vont trop souvent mal choisir leurs réunions et leurs distractions. Sans expérience, sans lieu de délassement convenable, ils entrent dès le premier abord de la vie dans les voies les plus périlleuses pour leur santé, leur réputation et leur destinée.

Dans notre nouvel institut une place leur sera réservée à côté de nos internationaux. Les élèves de toutes les facultés seront reçus gratuitement, sur le simple vu de leur carte d'étudiant, dans les salles de lecture, de conversation et de billard. Les professeurs de toutes les facultés et tous chefs attachés à l'enseignement y seront invités au même titre, honorablement accueillis, et leur présence ne pourra que produire le meilleur effet.

Nos internationaux pourront, eux, à leur volonté, suivre les cours scolaires que leur offre un chef-lieu d'académie, et en même temps les travaux des champs si intéressants et si utiles.

Ils paraîtront à tous les concours régionaux du midi

et emploieront deux mois au moins de l'année à des voyages instructifs.

Tous ces nouveaux aménagements, toutes ces dépenses nouvelles seront couvertes par une somme payée par eux et annuellement déterminée. Quoique assez élevée pour l'honneur de l'institut et celui même de l'institué, elle sera probablement variable suivant l'état des travaux de la ferme, des produits de la terre et des besoins de la vie.

Il importe au surplus qu'un pareil établissement se suffise à lui-même, qu'il n'ait recours à aucune affectation de l'Etat ni même à aucun encouragement de la part des autorités départementales et communales.

Tel est notre projet d'institut international et d'éducation de l'adolescence par un travail à la fois intellectuel et pratique, scolaire et agricole. Si notre idée n'est pas nouvelle dans son principe, elle ne l'est pas non plus dans ses tentatives d'exécution, même dans notre ville.

Depuis dix ans et plus, je voyais avec plaisir pareil exemple donné à Aix, sans bruit, sans éclat, mais aussi, malheureusement, sans possibilité d'extension à cause des logements et accessoires tout à fait insuffisants.

Toujours est-il que, sans connaître de mes projets déjà en germe, sans relations personnelles et réciproques, une digne famille avait tenté l'exécution d'une pareille œuvre. De jeunes Anglais, confiés à ses soins, ont quitté, après plusieurs années, leur famille d'adoption, sérieux, instruits, indépendants. Nous en avons connu et revu après leur mariage, retourner avec bonheur dans leur demeure aixoise et parcourir de là les différentes parties de l'Europe, en adressant des bords du Rhin, du Rhône, de la mer et des lacs les plus ravissantes descriptions des pays de Bordighera, de Bellaggio, etc., etc.

Si de tels précédents n'ont laissé que de bons exemples et de bons souvenirs, leurs successeurs suivront les mêmes traditions, accueillis par la même famille, qu'une si étroite et si ancienne communauté d'idées nous associait déjà de loin, en attendant que nous pussions nous associer de près et, s'il est possible, fonder avec son concours l'œuvre philanthropique qui doit couronner notre existence.

PATRONAGE

Ce n'est pas tout encore : il nous reste à exposer la seconde partie de notre projet.

Si aucun rapprochement, aucune comparaison n'est à faire entre deux établissements qui vont se former sur le même plateau et presque simultanément, avec le même désintéressement, le même but d'utilité et de philanthropie, leur exposé n'en doit pas moins se trouver uni.

Il suffira pour cela de savoir que New-Powrcelles est entre le pénitencier de Beaurecueil et les houillères les plus riches de la contrée.

Déjà nous avons reçu les promesses les plus flatteuses des grandes mines du pays, l'assurance d'y trouver un travail continu et fructueux.

Là, dans de nouvelles et importantes adjonctions à la ferme, mais en dehors du mur d'enceinte, nous recevrons les libérés du pénitencier, en même temps que les Alsaciens et Lorrains que les malheurs de la patrie forcent à chercher asile auprès de nous.

Les rémunérations de leurs travaux des champs et des mines seront perçues par des préposés spéciaux, qui ne garderont que le strict nécessaire pour le remboursement du prix le plus modéré du logement et de la nourriture.

Cet établissement devra donc se suffire à lui-même, avec espérance de réformes, d'agrégation dans les familles du pays et de placement à la caisse d'épargne du canton.

Reste le point de vue le plus important pour cet âge adulte, le secours religieux. Là-dessus, le pénitencier de Beaurecueil, qui a dû être le premier informé de nos idées, nous a transmis des offres et des considérations importantes, qui feront le sujet d'examens attentifs.

JOURNAUX

JOURNAUX

Battu et vaincu sur le terrain de la justice et de la vérité, au milieu de compatriotes qui ont bien voulu honorer une longue carrière magistrale, où l'on n'a su se distinguer que par le dévouement, l'on n'a pu et voulu donner que l'exemple du désintéressement. Avec de tels avantages pourquoi ne pas aujourd'hui découvrir enfin sa poitrine et offrir son corps aux armes de tous les adversaires ?

Oui, la presse, toujours active et vigilante, préfère et doit préférer sans cesse la critique à l'éloge. — Nous n'avons cessé de le dire pendant le long exercice de nos fonctions, qui ont éveillé tant de susceptibilités et dont le souvenir soulève maintenant tant de haines. Nous disions alors ce que nous répétons aujourd'hui :

> J'aime qu'on me conseille et non pas qu'on me loue.

Et cependant on nous a, au dehors et au dedans, tant et tant loué que nous sommes forcé de dire aujourd'hui tout notre sentiment à ce sujet.

En grande Académie française on ne peut jamais s'attendre qu'à des éloges ; mais dans la justice il ne saurait en être de même.

Le magistrat doit se taire pendant ses fonctions, et pendant leur accomplissement se trouver au-dessus de tout éloge et de toute critique ; toute tentative d'intervention doit être à cet égard réprimée et supprimée.

Plus tard, lorsqu'il a abandonné les pouvoirs publics, et qu'il est définitivement descendu de son siége, le juge peut être jugé à son tour.

Mais qu'on y prenne garde. La passion ne doit entrer pour rien dans l'opinion des adversaires. Sans cela on saura saisir, prendre en flagrant délit, et montrer à tous le jeu et les agissements de certains *désappointés* toujours à l'affût et qui aujourd'hui ne cherchent plus autant un gain personnel que le mal de ceux qui sont au-dessus de toute critique et de toutes les basses jalousies.

Ils pourraient bien rendre compte de leurs faits et de leurs dires devant une justice où l'on invoquerait une jurisprudence qu'on a déjà tenté d'établir et qu'on ferait revivre. Il est de ces méfaits que l'on croit hors de toute atteinte. Qu'on se désabuse : il faut tout espérer devant des juges fermes et éclairés, et devant un public qui veut aussi qu'on réclame ses droits.

On sait mal du reste, et il sera toujours plus difficile de comprendre ce qui s'est passé à notre égard, et entre autres choses à propos de la publication de notre œuvre sur *la Justice et les Juges.*

Cet ouvrage d'un vétéran de la justice s'est trouvé et se trouve encore proscrit et repoussé par un esprit général de haine contre le libéralisme et contre les réformes les plus désirables pour notre pays.

Certes, on trouverait difficilement, il nous semble, un réformateur plus attitré et plus expérimenté, plus bienveillant et plus désintéressé que celui qui vint se présenter devant le pays avec un tel projet de réforme. Droits acquis, titres, rétributions, tout était conservé aux dépossédés, et à leur place s'élevait une magistrature restreinte plus digne, plus instruite, plus respectée.

Jamais cordon sanitaire adhérent à l'arrière-faix n'a été plus habilement tendu et plus rigoureusement observé. C'est à peine si quatre exemplaires d'un livre sur la justice ont pu, en siége de cour souveraine, s'échapper, pauvres évadés, de la boutique d'un libraire, et pas un seul ne se trouverait aujourd'hui en bibliothèque judiciaire.

C'est à peine si la presse locale en a parlé. Qu'importe? nous avons pour nous la presse de la France entière et celle de l'étranger. Avec elle notre triomphe est assuré.

Mais ce triomphe ne saurait suffire, si nous n'avions aussi l'espérance de couronner une longue vie magistrale par la mise à exécution du programme qui précède.

Aux articles que nous citons ici *in extenso*, nous pourrions ajouter ceux de l'*Union*, du *Rappel*, du *Figaro*, etc., etc., et de plusieurs journaux étrangers.

RÉFORME JUDICIAIRE

De la Justice et des Juges, par *M. Borély*, ancien procureur général, 2 vol. Paris, Germer Baillière.

Aix, vendredi 10 février 1872.

Mon cher Monsieur Borély,

J'ai lu avec attention et intérêt les deux curieux volumes que vous avez bien voulu m'envoyer, et je vais vous en parler avec la sincérité respectueuse et affectueuse que l'on doit à un homme de votre mérite et de votre caractère, qui a passé par les hauts emplois et qui prend le public pour juge. C'est vous faire pressentir déjà que je ne saurais approuver ces impétuosités juvéniles, et pour dire le mot, ces incartades qui vont à vous faire des affaires de tous côtés, et qui sont plus d'un Alceste que d'un pontife octogénaire de Thémis... Qu'y faire pourtant? C'est, je le sais, chez vous, affaire de tempérament. Vous n'avez ni le geste, ni l'attitude, ni les défaillances du temps, ferme vieillard au verbe strident, le dernier, ou presque le dernier, d'une race prête à disparaître, et chaude encore des laves sur lesquelles fut placé son berceau. Homme bon, juste, charitable, mais parfois acerbe, excessif, incommode au prochain, intempérant de langage, « meule toujours en l'air, et menaçant tout le monde, » aurait dit Saint-Simon, il faut vous prendre comme vous êtes, comme on prend un morceau de fer rouge dans la fournaise, avec des pinces et des tenailles.

Et pourtant ce livre plein de défauts, fait, refait, décousu, recousu, inégal, incorrect, diffus, où les raccords, les retouches, les digressions abondent, *rudis indigestaque moles*, ce livre a son attrait, et il aura son utilité. Il a son suc et sa sève. Il sent son honnête homme, son galant homme, libéral, désintéressé, courtois, original, scrupuleux; on y respire à chaque page un air vivifiant de haute probité politique et magistrale. Nous serions trop heureux, nous tous peuples et rois, royalistes ou républicains, si les gouvernements rencontraient plus souvent des fonctionnaires de cette humeur et de cet aloi. C'est d'eux que l'on peut dire comme cet autre, que l'on ne s'appuie que sur ce qui résiste, ou comme l'Ecriture: *Mitte sapientem et nihil dicas!* Or, comme nous ne sommes en passe de périr que parce que nous attentons sans cesse à la justice, dans l'ordre public comme dans le for intérieur de la conscience, ceux qui ont le culte, la superstition si l'on veut, ou même l'idolâtrie de la justice, seraient et seront nos sauveurs.

Toute la partie autobiographique est instructive et amusante, ce qui n'est jamais à dédaigner. Le narrateur a beaucoup vu; il a été placé pour voir de haut et de loin. Il a été invariable dans ses principes, dans ses idées, à ce point qu'il a, encore à l'heure qu'il est, les illusions, les préjugés, les antipathies de sa jeunesse, ce qui me semble à la fois un éloge et une critique. L'introduction est ferme et rapide. On sent que l'écrivain a été pénétré toute sa vie de l'amour du bien public, du respect de sa mission, des vertus de l'opinion libérale, comme panacée universelle aux maux de l'ordre social ; mais enfin ce zèle ardent, ce feu qui dévore a-t-il été toujours contenu par une réserve suffisante et par la prudence? Votre esprit indépendant, maintenu par le *sub lege libertas*, était fait plus encore peut-être pour assaillir que pour réprimer. Garde des sceaux, le procureur général Borély aurait inauguré son entrée en fonctions par une hécatombe de conseillers, de présidents, de substituts, sans plus de scrupules que Sully, nommé grand-maître de l'artillerie, quand il cassait d'un seul coup, à l'arsenal, plus de 400 prévaricateurs et concussionnaires ; car, comme le ministre de Henri IV, le *gentleman* avait un *caractère ;* et il faut des caractères en politique, tout comme des situations au théâtre, « une main forte et dure, une tête ferme et carrée ; » le reste, — le bien dire, le bien lire, le bien écrire, ne vient qu'ensuite, et en seconde ligne.

Il y a donc des vérités pour tout le monde, des duretés pour beaucoup, dans ces miscellanées, pour la magistrature, pour le barreau, pour les ministres, pour la presse ; mais, vertubleu ! mon compère (parlant par respect !), comme vous y allez ! Il ne fait pas bon passer sous vos fourches caudines, et recevoir de vos étrivières ! Vous vous servez, comme vos amis les Anglais, du *chat à neuf queues*, et si vous ne marquez pas les gens d'une fleur de lys à l'épaule, — vous n'êtes pas assez légitimiste pour cela, — ils ne gagnent pas grand'chose au change. Quel censeur vous auriez fait dans l'ancienne Rome ! Vous envoyez les gens aux gémonies, comme on prend une prise de tabac. Vos mercuriales dégénèrent en algarades. Quand l'opérateur appuie sur l'abcès, le patient crie, mais encore faut-il être en droit de bistouriser les gangreneux, et qu'ils soient au moins dans votre service! Ne vous êtes-vous donc jamais considéré comme relevé de vos fonctions de procureur-général? Ne craignez-vous pas que cette intervention incessante dans les affaires du ressort, ne vous donne un faux air d'inquiétude, comme on dit en Provence, et de tracasserie? Montaigne qui en savait plus que moi, sinon que vous, disait qu'il faut être droit et adroit. Talleyrand murmurait à ses élèves en diplomatie: Pas de zèle! Craignez, mon cher ami, la coalition des intéressés et la clameur de haro. Je n'avais point entendu dire, jusqu'ici, que le ministère public comme la prêtrise fût engagé par des vœux éternels, et que son caractère fût indélébile.....

C'est, dites-vous, une confession publique, et *vous n'en faites pas d'autres!* Soit! Mais cette confession est-elle bien entière? Ne dites-vous pas les péchés des autres un peu plus haut que vos propres péchés? Entre nous, je ne vous crois ni l'attrition ni la contrition. Vous faites pénitence sur les épaules d'autrui, et votre examen de conscience ressemble plus à la sortie d'une garnison assiégée, qu'au *mea culpa* d'un pénitent. Je doute que vous ayez jamais dans ce monde, ni dans l'autre, l'absolution des Pères et celle en particulier de l'abbé Fissiaux; quant aux conseillers morts au lieu d'honneur, pour parler comme Régnier, ils vous donneraient comme pénitence suffisante de refaire l'ode de Boileau sur la prise de Namur.

Je ne dirai rien de vos projets de réforme judiciaire et d'organisation nouvelle de la magistrature, bien que ce travail me paraisse rempli de vues, mais je suis trop incompétent dans la matière pour insister. Je vous reprocherais plutôt de n'avoir fait qu'entr'ouvrir vos cartons et de n'avoir pas tiré tout le parti possible de vos dossiers; vous ne vous êtes peint qu'en buste, comme on le reprochait jadis à la spirituelle Mme de Staal-de Launay. Vous avez sacrifié la partie anecdotique à la partie dogmatique. Vous avez voulu, vous aussi, dire votre *exegi monumentum*, sans songer qu'en ce siècle de malheur, les monuments étaient quelquefois voués au feu; mais nous, péquins, sans vous demander vos *juvenilia*, ce qui pourrait être indiscret, nous aurions aimé à voir le fond du sac du parquet; Caton, votre modèle, n'a pas toujours été aussi sec qu'un morceau de bois. Vous vous dites historien *au petit pied*. Je vous crois, au contraire, un historien au pied petit, un Allobroge à la main fine, sèche et nerveuse, et capable de donner à l'occasion un tour de clef. Vous n'avez pas toujours adoré que dame Justice, quand le diable y serait? Savez-vous comment je vous définirais, vous, magistrat de l'ordre équestre? L'antipode parfait, le pôle antarctique de ce pied plat aux gros souliers, de ce Morvandiau sans foi, et de trop de lois, de feu votre ex-ami Dupin, procureur-général, pour l'appeler par son nom. Ce fin matois-là a toujours eu plus de jugement que de caractère; et vous, si j'osais vous le dire à l'oreille, vous avez eu plus de caractère que de jugement. Ne vous plaignez pas de votre lot.

Vous trouverez, non sans apparence de raison, que j'y

vais de tête et du reste, pour atténuer l'expression ancienne, et comme une corneille qui abat des noix. L'indépendance de la critique fait le sel des éloges. Je regrette, malgré mes réserves, que vous n'ayez point un fils; ce livre, avec ses défauts, eût été pour lui un sujet de légitime orgueil, et comme un titre de noblesse. Il eût vu quelles sympathies son père avait su acquérir; il se le représenterait entouré d'un cortége de contemporains illustres ou chers, Manuel, Thiers, Lafayette, Dupont de l'Eure, Béranger, Mignet, lord Brougham, l'amiral Baudin, Prevost-Paradol et tant d'autres; il envierait surtout ce renom de probité, de charité, ces qualités de verdeur physique et morale, qui feront de son père un type inimitable, une légende aixoise; car ce dernier des parlementaires, malgré une incontestable infirmité, gagnée au champ d'honneur du régime libéral, n'aura jamais été vraiment sourd qu'à la brigue; il ne reste à lui souhaiter que de finir, comme le père Lacordaire, en chrétien pénitent, dût-il rester jusqu'au bout un libéral impénitent.

G. LUCAS DE MONTIGNY.

(*Echo des Bouches-du-Rhône*, 18 février 1872.)

RÉFORME JUDICIAIRE

DE LA JUSTICE ET DES JUGES, par *M. Borély*, ancien procureur général, 2 vol. Paris, Germer Baillière.

Parmi les travaux innombrables qui incombent à l'Assemblée nationale, et qui, si elle parvenait à les conduire à leur terme, l'a placeraient la première après la grande Constituante dans l'estime de la postérité, se trouvent en première ligne la réforme de notre organisation judiciaire et des modifications importantes à introduire dans certaines parties de nos codes.

Qui peut dire, par exemple, que les garanties de l'accusé, laissé sans avocat pendant l'instruction, sont suffisantes ? Qui n'est obligé de reconnaître qu'un président d'assises, si impartial qu'il croie être, est souvent, sans qu'il s'en doute lui-même, entraîné à interroger l'accusé en accusateur, et, dans ce moment solennel qui précède immédiatement la décision du jury, à résumer les débats, en insistant beaucoup plus sur les arguments du ministère public que sur les moyens invoqués par la défense ?

Comment pourrait-on nier aussi la nécessité de diminuer les lenteurs de la procédure civile, et, parmi les précautions dont elle abonde, de distinguer celles qui sont indispensables d'avec celles qui sont superflues et que nous devons à ce que Marat appelait la *robinocratie* de la Convention.

Comme si ces lenteurs de la procédure, tutélaires en beaucoup de cas, nous le reconnaissons, mais inutiles dans d'autres, ne suffisaient pas, on les a en quelque sorte placées sous le patronage d'une corporation spéciale investie du privilége exclusif de servir d'intermédiaire entre la justice et les justiciables. Que tout le monde n'ait point le droit d'exercer la profession d'avoué, pas plus qu'on n'a celui d'être médecin, on l'admet sans peine. Mais on conçoit moins qu'on impose au justiciable la nécessité de choisir un avoué. Devant la justice on n'a pas la faculté de succomber sans médecin. Provoqué devant elle par la partie adverse, on se présente. On fait certifier son identité. On place les juges dans l'impossibilité de la mettre en doute. Peu importe. Vous avez négligé de constituer un avoué; on prononce le défaut. Mais je suis là, direz-vous. Sans me croire aussi capable que tel homme d'affaires de me défendre, je tiens à me charger seul de ma défense. *Me, me, adsum!* Vous êtes condamné par défaut.

Que diriez-vous d'une loi qui vous contraindrait à subir, même pour une indisposition légère, les ordonnances et le régime d'un médecin ?

Mais, objecte-t-on, les priviléges des avoués sont une propriété, un droit que vous ne sauriez atteindre. Ces formalités, multipliées à l'infini par eux, et souvent bien au delà des prescriptions de la loi, c'est leur vie, c'est leur pain. Que penseriez-vous donc d'un chirurgien qui, placé à côté d'un passage plein de périls pour les voyageurs et spécialement chargé du soin de les panser, les obligerait tous à traverser ce passage sous le prétexte que l'éviter serait compromettre son industrie et diminuer ses bénéfices? Le secours d'un avoué est souvent fort onéreux. Qu'importe! il est des plus précieux. Je puis être né irrévérencieux et sceptique, et vouloir me refuser à considérer leur *étude* comme le vestibule nécessaire de la justice. Comme il vous plaira. Considérez ces lieux comme un antre, si vous le voulez, mais vous passerez par cet antre pour venir à nous!

Si, des vices radicaux résultant des choses, nous passons aux inconvénients presque aussi graves qui tiennent aux personnes, nous sommes obligés de reconnaître que trop souvent les magistrats, descendant dans l'arène politique, se sont mêlés aux agitations, même aux passions des partis, et ont parfois dépouillé la justice de ce caractère d'impartialité qui est sa sauvegarde et sa gloire.

Les tribunaux et non le jury, chargés, durant vingt ans, de la connaissance de tous les délits politiques et de ceux commis par la voie de la presse, les juges de paix contraints d'ajouter à leur grande mission de conciliation et d'apaisement un rôle de surveillance et d'immixtion dans un domaine qui aurait dû leur demeurer interdit, les chefs de parquet conduits ainsi à imprimer à cette surveillance une direction uniforme et générale, par suite l'avancement trop fréquemment donné, non d'après les mérites du jurisconsulte, mais en proportion des services rendus dans l'ordre politique, telles sont les causes principales qui porteraient une grave atteinte à la magistrature, si on n'achevait pas de les supprimer radicalement.

C'est dans cet esprit surtout qu'est écrit un livre *sur la justice et les juges*, que recommandent à la fois le nom estimé de son auteur, les hautes situations qu'il a successivement occupées, la façon dont a été brusquement interrompue sa carrière, sa grande expérience, et l'opportunité incontestable au moment où l'Assemblée débat les réformes judiciaires.

M. Borély, procureur général de la Cour d'Aix, remplissait depuis longtemps ces hautes fonctions avec autant de talent que de fermeté, lorsqu'en novembre 1847 il crut devoir, dans un discours solennel de rentrée, faire allusion à l'influence que venait d'exercer trop manifestement, dans une élection, le premier président de la même Cour. C'était une protestation honnête, et non moins courageuse.

L'audace du procureur général fut châtiée, et sa remontrance le fit révoquer. Mais sa retraite ne devait pas être pour lui le repos, et l'ouvrage considérable qu'il offre aujourd'hui au public, à l'âge de quatre-vingt-quatre ans, est le fruit de longues et profondes méditations. L'opportunité de cette publication ne saurait être contestée au moment où l'Assemblée nationale et l'Académie des sciences morales et politiques vont étudier, l'une d'une façon pratique, l'autre plus théoriquement, l'importante question de l'organisation de la magistrature.

M. Borély est visiblement enclin à admirer l'organisation anglaise. Il partage à cet égard les sympathies de cet écrivain, qui fut son ami, dont le caractère essentiel était la distinction, et qui avait dans son style les manières aristocratiques et la grâce facile du grand seigneur, qui a su, d'une main sûre et grâce à un don puissant d'assimilation, toucher à bien des sujets, mais qui excellait surtout dans l'attaque non violente, mais fine, polie, ironique, et qui, après avoir lutté courageusement durant quinze années pour faire triompher ses idées, a pu les croire un moment accueillies, mais les a vues presque aussitôt compromises par une déclaration de guerre inattendue; et alors, ne pouvant supporter les malheurs qu'il avait prévus dans un de ses livres, mais qu'il espérait devoir être détournés par la paix, s'est dérobé à une vie désormais intolérable et s'est fait ainsi la première, la volontaire victime de nos désastres.

Ce n'est pas seulement dans la société intime de Prevost-Paradol que M. Borély s'est affermi dans son admiration pour la plupart des institutions anglaises. Depuis longtemps devenu l'ami de lord Brougham, qu'il voyait souvent à Cannes, il se fortifiait, par un commerce fréquent avec ce grand esprit, dans la connaissance de tous les rouages de l'organisation adoptée chez nos voisins.

M. Borély voudrait que, comme en Angleterre, la magistrature française, isolée dans sa haute sphère, restât pure et indépendante, immuable comme la justice dont elle rend les oracles.

« Il y a deux moyens, dit-il, de donner de l'autorité aux corps ou aux individus. L'autorité ne peut venir que de la désignation du pouvoir le plus élevé ou du choix des concitoyens. Nous n'en sommes plus au point de vouloir faire élire les juges par l'élection à quelque degré que ce pût être.

« Si l'on veut de la responsabilité dans le choix et dans

la vie des juges, il faut la plus haute et la plus invariable garantie de la part de celui qui confère un mandat inamovible et de la part de celui qui le reçoit.

« L'élection est l'élément le plus incompatible avec l'inamovibilité. L'élection fait, défait, et refait sans cesse tout ce qui touche à son domaine. Aucun pouvoir ne peut plus toucher à ce qui est institué dans l'ordre judiciaire. Dans toutes les communes des Etats-Unis, le maire américain, nommé directement par les citoyens, n'est en fonctions que pour deux années. La sagesse démocratique a su mettre là un terme aux administrations inintelligentes et impopulaires. Mais qu'on le sache bien : aux Etats-Unis les juges sont tout aussi inamovibles que dans les monarchies, et mieux rentés que dans aucune de ces monarchies ou pouvoirs absolus du midi de l'Europe. »

Assurer l'indépendance du magistrat par un traitement élevé, l'isoler entièrement dans l'exercice de la justice, le préserver constamment de l'envahissement de la politique, et rendre sa nomination tout à fait indépendante de considérations politiques, tel est le but principal de M. Borély.

Peut-être est-il trop radical dans les moyens qu'il propose. Mais son livre n'en sera pas moins des plus utiles pour les législateurs et les penseurs.

Le second volume, quoique d'un intérêt moins général, est tout aussi agréable. Il est surtout consacré aux impressions particulières, aux relations illustres de l'auteur. C'est presque un volume de *mémoires*. Mais si personnel et inévitablement personnel qu'il soit, ce volume offre plus d'un enseignement. On y suit avec agrément et non sans profit le développement d'une vie droite et honnête, consacrée à faire le bien, et plus encore à voir et à signaler le mal.

Redresser les abus, si haut qu'il les ait vus se commettre, telle a été la constante préoccupation de cet homme essentiellement loyal, demeuré plus agité dans la retraite que d'autres dans l'activité de service, signalant l'injustice partout et toujours, jeune encore malgré les années et dont le titre réel, pour ceux qui le connaissent, serait non celui d'ancien procureur général, mais d'avocat perpétuel de la chose publique.

MARIUS TOPIN.

(Courrier de France, 21 février 1872.)

RÉFORME JUDICIAIRE

De la Justice et des Juges, par *M. Borély*, ancien procureur général, 2 vol. Paris, Germer Baillière.

Un ancien procureur général près la Cour d'Aix vient de publier deux volumes sur la réorganisation judiciaire. Cette publication a son actualité dans les circonstances où nous nous trouvons. On sait que l'Assemblée nationale vient de mettre à son ordre du jour une proposition de loi sur le même sujet émanée de l'initiative parlementaire: de divers points de la France, d'autres publications ont eu lieu. Nous devons faire remarquer parmi elles les lettres que l'un de nos avocats-généraux a adressées au *Journal de Paris*.

L'œuvre de M. Borély ne pouvait venir plus à propos.

Cette œuvre se distingue des autres par un caractère tout particulier; tandis que celles-ci ne proposent que des améliorations de détail qui portent, les unes sur le mode de recrutement de la magistrature, les autres sur le nombre ou l'étendue des juridictions, ou bien encore sur la compétence, celle-là commence par faire ce qu'on appelle *table rase:* le personnel actuel, plus ou moins gangrené, d'après son auteur, par son immixtion dans les luttes électorales, par ses défaillances dans ses rapports avec les pouvoirs politiques, par ses désirs immodérés d'avancement, doit disparaître tout entier. C'est le moyen de couper court aux mauvaises traditions. Disons tout de suite que l'auteur ne veut pas toutefois briser tant d'existences : le personnel de la magistrature en général n'est pas riche ; d'ailleurs, la nation doit traiter généreusement un corps qui a rendu des services autant que pouvaient le permettre des institutions vicieuses : chaque magistrat conservera son traitement actuel en entier pendant toute sa vie (art. 3 du projet).

Dans les idées de M. Borély, c'est donc un personnel nouveau qu'il faut créer. Il le faut moins nombreux pour que les choix puissent porter sur des personnages du plus haut mérite, un trop grand nombre donnerait nécessairement accès à des médiocrités.

Les changements à introduire dans les juridictions paraissent au premier abord peu importants ; il y aura, comme aujourd'hui, une Cour suprême, une Cour d'appel ou de ressort, un tribunal d'arrondissement, un juge de paix par canton, des tribunaux de commerce. Les compétences ne seront guère modifiées qu'eu égard à la Cour suprême. Les plus grands changements concernent les Cours d'assises et les Justices de paix.

Nous allons suivre l'auteur dans ses vues sur chacune de ces juridictions.

La *Cour suprême* conservera-t-elle ses attributions actuelles comme Cour de cassation ? Il y a lieu de le croire, quoique le projet de loi ne s'explique pas positivement sur ce point. Mais ses attributions reçoivent une extension digne de remarque.

Elle aura compétence exclusive pour certains litiges sur lesquels elle prononcera en premier et en dernier ressort. Ce sont les litiges en *matières testamentaires ou de succession, les conflits de juridiction, les procès concernant les titres patronymiques, tout ce qui touche de près ou de loin aux cultes religieux.* Cette attribution de compétence, qui peut être étendue à d'autres cas, a pour but *d'éviter des circuits dispendieux, grande perte de temps, toute sollicitation et prévention locales* (art. 14 du projet.

Nous nous abstenons pour le moment de toute réflexion. Nous exposons. Les réflexions viendront plus tard.

Une nouvelle attribution très-importante consistera dans la présidence des Cours d'assises qui appartiendra exclusivement à la Cour suprême.

Pareil au juge anglais, le haut magistrat de cette Cour viendra en province tenir les assises de circuit dont il faut maintenant décrire l'organisation.

Il y aura des assises au chef-lieu judiciaire de chaque Cour d'appel, ce sont *les assises de ressort;* au chef-lieu judiciaire de chaque département, ce sont *les assises départementales;* et au chef-lieu d'arrondissement, qui toutes ne s'occuperont que du crimiuel et seront dirigées par le haut magistrat avec un cortége d'assistants et le concours d'un jury.

Il y aura en outre des assises de canton, dont l'organisation originale et la compétence à la fois civile et pénale méritent une mention particulière.

A la Cour d'assises du ressort sont portées les grandes affaires: *crimes contre la sûreté de l'Etat, attentats et complots tendant à troubler la paix publique par la guerre civile, l'emploi illégal de la force armée, les attentats à la liberté, la fausse monnaie*, etc., etc.

Elle se compose du haut président, de quatre conseillers de la Cour d'appel et de jurés pris parmi les membres des conseils généraux du ressort.

Aux assises départementales sont déférés les assassinats, empoisonnements, banqueroutes frauduleuses, faux, incendies, infanticides, etc.

Le haut président est ici assisté de huit assesseurs pris parmi les présidents des tribunaux de première instance, et de jurés choisis dans les listes électorales du département.

Les assises d'arrondissement connaîtront de toutes les autres affaires criminelles. Les juges de paix de l'arrondissement fournissent les assesseurs du haut président; les jurés sont pris parmi les électeurs de l'arrondissement.

Il y a là des vues qui pourraient être sérieusement prises en considération quand il s'agira de toucher à la justice criminelle.

Une proposition que nous ne devons pas passer sous silence, c'est que, d'après le projet de loi, le rôle décisif en matière criminelle appartient au jury et au haut président: l'un déclarant le fait, l'autre appliquant la loi; les assesseurs n'ont que voix consultative.

Les Chambres d'accusation sont supprimées: les renvois devant la Cour d'assises compétente seront faits par les juges d'instruction.

La justice civile continuera d'être rendue par les tribunaux de 1re instance, et sur l'appel par les Cours du ressort. Les tribunaux de commerce sont maintenus et pourront être présidés par le haut magistrat, avec voix prépondérante en cas de partage.

La composition des tribunaux jugeant en matière civile se trouve modifiée : la Cour du ressort aura deux présidents, dix conseillers, deux avocats généraux. Les procès seront jugés par cinq, trois ou même un seul conseiller.

Les tribunaux de première instance sont composés d'un président et d'un juge d'instruction qui jugeront ensemble ou séparément toutes affaires civiles ou correctionnelles.

Les juges de paix n'agiront plus isolément les uns des autres : tous ceux d'un même arrondissement fonctionneront ensemble, à des époques semi-mensuelles, réunis à tour de rôle dans chaque chef-lieu de canton. Ils formeront ainsi *des assises au petit pied*, présentant une espèce de jury étranger à toute passion locale, dont la présidence appartiendra au juge du chef-lieu. Une seule audience doit suffire, et si les causes sont trop nombreuses, le jury de paix se dédouble en autant de sections que l'exige l'expédition de toutes les affaires, un seul juge pouvant au besoin composer une section.

Cette faculté de se dédoubler et de juger *à un* appartient même à la Cour suprême. Celle-ci se compose de cinq présidents et de cinquante conseillers. Elle a, à sa tête, le ministre de la justice.

Nous ne pouvons songer à reproduire ici les détails d'exécution que donne l'auteur ; nous sommes resserrés dans les étroites limites du journal.

On nous demandera peut-être ce que devient l'institution du *ministère public* que regrette, pour l'Angleterre, lord Brougham, sous les auspices de qui M. Borély paraît avoir conçu son projet de loi.

Ce projet n'indique que sommairement ce qui est à faire à cet égard. L'opinion de son auteur est qu'il faut la supprimer. Cette suppression n'est pas cependant absolue.

Il y aura, en Cour suprême, un procureur général et autant d'avocats généraux que de sections. Chaque Cour de ressort aura deux avocats généraux. Les procureurs de la République et leurs substituts disparaissent. Des avocats, pris parmi ceux inscrits au barreau, sont délégués pour faire le service des parquets soit à l'audience, soit à l'instruction criminelle.

Les traitements sont l'objet d'un travail spécial. En voici quelques exemples :

En Cour suprême, on alloue au procureur général 100,000 fr. ; au président, 75,000 fr. ; aux conseillers, 50,000 fr. ; au greffier en chef, 25,000 fr.

A la Cour du ressort, les présidents reçoivent 25,000 fr. ; les conseillers, 15,000 fr. ; le greffier en chef, 8,000 fr. ; les avocats-généraux, 18,000 fr.

Le président du tribunal de 1re instance a 12,000 fr. ; le juge d'instruction, 9,000 fr. ; le greffier, 3,000 fr.

Le travail de M. Borély peut se résumer de la manière suivante :

Il y a nécessité d'une réforme urgente et radicale. Il doit y avoir une solution de continuité entre l'ancien et le nouveau régime, absolue en ce qui touche le personnel, moins absolue en ce qui concerne l'institution. Sous le dernier point de vue il faut *couper, receper, tailler jusqu'au pied, et si l'on ne coupe pas entièrement la racine, ne laisser que le drageon qui portera des fruits en moindre quantité, mais plus substantiels et plus savoureux* (page 414 du 1er volume).

Quant au personnel, la solution de continuité doit être absolue; aux magistrats actuels, il faut enlever la fonction *tanquam ut indignis.*

Le nombre des juges doit être réduit. Il faut les éloigner des justiciables, les rendre inamovibles dans le sens le plus étendu. Plus de limite d'âge, plus d'avancement, plus de décorations. L'ancien magistrat devra respecter son passé ; il ne pourra faire partie d'aucune administration judiciaire, civile, financière ou autre. Il remplira ses devoirs d'électeur, il conservera ses droits d'éligibilité aux grands pouvoirs de l'Etat ; anciens et nouveaux magistrats se tiendront à l'écart des intrigues et des luttes électorales.

La justice, premier besoin des peuples, devra être honorée dans la personne de ses représentants. Le haut président de circuit sera reçu par l'autorité municipale, conduit en cérémonie au palais de justice où un logement convenable sera préparé. C'est là qu'il recevra les autorités civiles et militaires, que les jurés lui seront présentés.

Il ne rendra aucune visite, n'acceptera aucune invitation ; mais il fera les honneurs de sa table à ses invités.

Les maires veilleront *à la garde nécessaire* et *à l'observance respectueuse* dont le haut président devra être entouré. Ils assisteront en costume à chaque audience des nouvelles assises, où une place leur sera réservée.

Après l'analyse naturellement un peu sèche que nous venons de faire, il nous reste à exprimer nos appréciations. Mais pour cela, un examen plus attentif et plus complet est indispensable : nous les donnerons plus tard.

(*Echo des Bouches-du-Rhône*, 25 février 1872.)

RÉFORME JUDICIAIRE

De la Justice et des Juges, par *M. Borély*, ancien procureur général, 2 vol. Paris, Germer Baillière.

I

M. Borély, ancien procureur général, vient de publier, sous ce titre, un ouvrage remarquable que nous recommandons vivement à nos lecteurs. Quoique l'auteur parle de son âge et de la hâte qu'il a d'exposer ses idées sur des questions si délicates, on ne s'aperçoit guère, en le lisant, qu'il est l'ancien président du comité grec de Marseille, survivant à tous les comités de l'Europe. Style sobre et concis, suite dans les idées sans jamais sortir du sujet, et retenant toujours le lecteur le plus difficile par la mise en scène (qu'on nous passe cette expression qui rend seule notre pensée) de quelque nouveau principe de législation, tels sont les titres scientifiques et littéraires qui recommandent l'ouvrage. Chez nous comme ailleurs, tout le monde sent le besoin urgent d'une réforme judiciaire. M. Borély prétend, et nous sommes de son avis, que si la magistrature laisse encore à désirer, c'est plutôt la faute des temps que celle des hommes; c'est dire que ce n'est pas l'homme intérieur qu'il s'agit de réformer, mais les institutions vicieuses qui régissent les sociétés.

Au moment où la vieille société ne saurait être comparée qu'à un navire qui fait eau de toutes parts, la magistrature, si elle jouissait de plus de considération encore, si on lui faisait une position qui mît le magistrat à l'abri de la nécessité et au-dessus, non des pouvoirs politiques, mais de la politique, les pauvres naufragés de ce vieux navire pourraient trouver encore en elle une planche de salut.

C'est à ce point de vue surtout que nous allons étudier le livre de M. Borély. Toute sage réforme devrait procéder par celle de la magistrature, car elle tient en ses mains notre bien et notre vie, et qui, plus est, notre honneur. N'est-il pas étrange de voir les législateurs (lisez les députés) faire un bruit assourdissant autour d'un portefeuille et ne traiter qu'avec dédain une question, la plus importante, la plus grave peut-être de toutes celles qui s'agitent dans la conscience des peuples ?

Magistrat distingué et jurisconsulte hors ligne, l'ancien et vénérable philhellène qu'une longue pratique et des études spéciales ont mis à même d'apprécier les choses dont il demande la réforme, a su mettre le doigt sur la plaie. Puis, en chirurgien plus soucieux de guérir son malade que de lui épargner la douleur, il a mis à nu la blessure et a montré le remède.

Dans un prochain article nous parlerons de la réforme de la magistrature dans le sens de M. Borély, réforme dont on ne saurait calculer la portée au point de vue politique et social.

II

M. Borély place en tête de son livre un projet de réorganisation de la justice française. Comme notre administration judiciaire est calquée sur celle de France, il nous mporte à nous aussi de connaître les modifications qu'un homme du mérite de M. Borély voudrait apporter dans la magistrature.

M. Borély veut que l'on assure aux magistrats toute l'indépendance possible, ce qui amène, naturellement, une large rétribution par l'Etat de l'homme préposé à la garde des lois. C'est peut-être honteux à dire, mais, dans l'état actuel, le dernier des saltimbanques se croirait déshonoré s'il gagnait moins qu'un conseiller à la Cour de cassation, et telle sauteuse, dont l'unique mérite est souvent d'exhiber des jambes de sauterelle, sourirait de pitié si on lui proposait un engagement égal au traitement d'un président de Cour d'appel. Le magistrat doit, pendant la moitié de sa vie, faire des études spéciales; il est forcé de tenir une position dans le monde et on lui donne à peine de quoi *ne pas mourir de faim*. Nos juges près les tribunaux de première instance n'ont pas de quoi vivre, même sans femme et enfants. En échange de la misère que l'Etat crée, pour ainsi dire, au magistrat, on exige qu'il soit doué de toutes les vertus, qu'il soit aussi pur que l'hermine qu'on lui permet de revêtir. Tout cela est méritoire, mais il faut tenir compte aussi des faiblesses et des entraînements de l'homme et ne jamais lui demander l'impossible, si l'on tient à ce qu'il remplisse scrupuleusement ses devoirs. M. Borély demande avant tout, que l'indépendance du magistrat soit assurée et qu'il soit mis à l'abri du besoin.

Nous ne parlerons pas ici des modifications que M. Borély voudrait voir introduire dans l'organisation même des tribunaux. C'est une véritable révolution qu'il demande, une révolution dont on ne saurait méconnaître la portée, et qui ferait de la magistrature le premier pouvoir de l'Etat. Il ne donne pas ces hautes fonctions au hasard, l'individu qui y sera appelé doit se distinguer autant par son savoir que par l'honnêteté et le caractère.

C'est là la véritable introduction du livre que nous recommandons encore à l'attention de nos lecteurs. C'est une œuvre magistrale, dans la véritable et large acception du mot, et pleine d'enseignements dont on devrait profiter.

Ne sentons-nous pas tous que le terrain social est peu solide, que tous les pouvoirs, anciens et nouveaux, ont perdu de leur prestige, qu'il se fait dans les bas-fonds de la société un travail dont nous ne saurions même pas mesurer la portée subversive et destructive ? Et, cependant, nous nous croisons les bras devant cette marée montante qui menace de nous submerger, et nous faisons comme l'autruche qui croit échapper au danger lorsqu'elle ferme les yeux en mettant la tête sous son aile !

Ce danger qui nous menace tous, riches et pauvres, grands et petits, nous devons avoir le courage de le regarder en face, de prendre, comme on dit, le taureau par les cornes et de le mâter, ou bien il viendra un jour où nous ne saurons plus à quel saint avoir recours.

La régénération de l'ordre social, ou plutôt la substitution d'un ordre social nouveau à l'ancien, ne saurait être l'œuvre d'un seul. Chacun doit apporter sa pierre à la construction du monument qui abritera les générations futures ; tous ceux que Dieu a doués d'intelligence ou de génie doivent parler un peu plus haut que les autres afin de se faire écouter et proposer non un remède général, mais *des remèdes* topiques aux nombreuses plaies qui rongent notre ordre social actuel.

La réforme de la justice et des tribunaux est, certes, une des premières à laquelle on devrait songer, les magistrats, nous l'avons dit, tenant en main la fortune, la vie et souvent l'honneur de tous les citoyens. En indiquant les principales réformes à apporter dans les tribunaux, M. Borély a donc rendu à la société un grand service, un service dont elle devrait lui savoir gré.

(*Indépendance hellénique*, 2 et 9 mars 1872.)

RÉFORME JUDICIAIRE

De la Justice et des Juges, par *M. Borély*, ancien procureur général, 2 vol. Paris, Germer Baillière.

Un ouvrage sur lequel nous voudrions attirer l'attention publique, vient de paraître chez un de nos plus habiles éditeurs parisiens; citer le titre : *De la Justice et des Juges*, c'est assez rappeler le haut intérêt qui s'attache à cette remarquable publication. L'auteur, provençal de vieille et haute roche, patriote du bon temps, magistrat des meilleurs jours, libéral de la grande époque constitutionnelle, l'auteur est un ancien procureur général de la cour d'Aix, M. Borély. Si beaucoup de citoyens sont familiers, surtout dans le Midi, avec ce nom devenu en quelque sorte classique, beaucoup trop ignorent ce dernier travail de longue haleine, sorte de résumé auto-biographique d'une carrière judiciaire des mieux remplies.

Comme il s'agit ici de deux volumes, nous dirons sommairement quelques mots sur chacun d'eux, bien qu'ils méritent cependant plus qu'un résumé sommaire.

Le tome Ier, consacré à l'exposé des motifs, s'ouvre par

un projet de loi relatif à la réorganisation de la magistrature française : c'est un thème palpitant d'actualité. Le système proposé par l'honorable M. Borély n'a rien qui ressemble à tout ce qu'on a publié dans ces derniers temps sur cette grande question sociale. On y sent, au contraire, l'importation de chez nos voisins de la Grande-Bretagne, d'où nous avons déjà pas mal importé en fait d'institutions. Les liaisons intimes de l'auteur avec un grand chancelier anglais, lord Brougham, nous ont valu cette bonne fortune. Je dis bonne fortune, car ce système, outre sa simplicité et son admirable ensemble, a l'immense avantage de mettre les juges à l'abri de la sollicitation et de la dépendance. Le remède est souverain et nous ne doutons nullement qu'il n'excite force envies de la part des réformateurs modernes de la justice. Bien plus, à l'aide de ce projet, fort sagement et savamment combiné, un mur infranchissable s'élève désormais entre la justice et la politique, nous n'aurions plus que des magistrats vraiment magistrats.

Pour atteindre ce but, l'auteur demande le licenciement complet et en masse du corps judiciaire actuellement existant. Les officiers qui les remplacent incontinent, sont écartés, en principe, de toute ingérence dans les affaires extérieures et étrangères à la justice. Non-seulement ils ne peuvent aspirer à la députation, mais encore il leur est formellement interdit de viser à quelque représentation que ce puisse être : sans décoration et sans titre, ils ne sauraient appartenir ni au conseil général, ni au conseil d'arrondissement, ni au conseil municipal ; plus d'emplois honorifiques, de présidence de comité, ni même de comice. M. Borély, en homme qui connaît les abus, veut le juge, comme Lamartine le prêtre à l'autel; il le veut dans le sanctuaire de la loi et rien que dans ce sanctuaire. Partout ailleurs, son caractère ne peut que s'amoindrir.

Au demeurant, il fallait démontrer la nécessité de telles rigueurs et d'une sévérité encore incomprises. C'est alors que M. Borély dénonce à l'opinion publique ces fonctionnaires qui, sous le dernier régime de honte et d'abaissement, ont fait de tout métier et marchandise; ont tant porté atteinte aux fonctions graves dont ils étaient investis; puis, stigmatisant comme ils le méritent ces prévaricateurs de tous rangs, il en fait une immense hécatombe qu'il offre résolûment en holocauste à la grande Thémis.

Aux nouveaux magistrats, l'ancien procureur général se donne lui-même en exemple dans le second volume, par la reproduction à titre de pièces justificatives des discours et circulaires de sa longue judicature. Il se montre partout tel qu'il a été; il se peint comme il fut toujours dans sa conduite et dans ses écrits. A l'exemple des prélats qui lancent leurs instructions pastorales, leurs mandements épiscopaux, lui, pontife de son culte, il envoie ses instructions judiciaires. Tantôt il s'élève contre les jeux; tantôt il disserte contre la chasse. En un mot, de son siége, il ne s'en sert que pour la défense du droit; de son influence, il n'en use que pour la protection des libertés publiques.

Nous n'insisterons pas davantage en ce moment sur tant de révélations si piquantes et si vertement relevées, si ce n'est pour en recommander la lecture. Nous sommes à une époque où l'opinion a besoin d'être édifiée : à coup sûr, elle le sera à cette occasion de la part d'un qu'un grand moyen de justice, d'édification et de moralité.

(*Akhbar*, **Journal de l'Algérie, 7 mars 1872.**)

RÉFORME JUDICIAIRE

DE LA JUSTICE ET DES JUGES, par *M. Borély*, ancien procureur général, 2 vol. Paris, Germer Baillière.

Voilà une œuvre originale de l'un des hommes de notre temps qui ont porté le plus haut et tenu le plus ferme le drapeau de la justice : après quarante ans de magistrature et vingt ans de retraite, la première toujours vigilante, la seconde toujours occupée, M. Borély livre au public, en un même ouvrage, deux travaux d'égal intérêt bien que d'ordre fort différent : l'ensemble de ses vues sur l'organisation judiciaire de la France (*Projet de réforme judiciaire*), et l'ensemble des souvenirs d'une longue et fructueuse carrière (*Mémoires pour servir à l'histoire d'un régime constitutionnel.*)

Avant de donner à nos lecteurs une idée succincte des deux volumes que nous annonçons, — compte rendu que nous devons, dans ce Recueil politico-israélite, à toute œuvre sérieuse sur des questions vitales, — il convient de leur signaler, ou plutôt de leur rappeler, les titres spéciaux de M. Borély à leur sympathie : habitant du Midi, magistrat sous l'Empire despotique, sous la Légitimité jésuitique et sous la monarchie de Juillet incertaine de sa voie, l'homme éminent qui nous donne aujourd'hui, avec le résumé de sa vie, celui des leçons qu'il y a puisées, a constamment placé au premier rang de ses devoirs le maintien de la liberté de conscience, la résistance aux empiétements cléricaux, la protection des minorités religieuses, et, parmi ces minorités, de celle qui, par le petit nombre de ses adhérents comme par leur rare aptitude aux professions libérales, lui paraissait à la fois la plus nécessaire à soutenir et la plus digne d'être soutenue : les Israélites. Catholique de naissance, libre esprit, ami passionné du vrai et du juste, M. Borély n'a laissé échapper aucune occasion de se montrer l'adversaire de ceux qui avaient inventé l'Inquisition, et le patron de ceux qu'elle avait pris pour victimes. Dès 1820, président du tribunal de Marseille, il refusait seul d'assister à la grande mission (tome I, page 79) : près d'un demi-siècle plus tard, en 1867, et rentré depuis longtemps dans la vie privée, il dénonçait publiquement au ministre un premier président de Cour souveraine assistant et communiant à une messe de minuit, en l'église des Jésuites (tome II, page 317). Dès l'origine de sa carrière, il signalait et soutenait un jeune magistrat, notre coreligionnaire, qui n'a dû qu'à son propre mérite le poste élevé où il est parvenu, et, en 1868, il publiait dans ces *Archives* mêmes la *Provence israélite* qu'il reproduit dans son deuxième volume.

Telle est l'unité et l'harmonie rare que présente cette noble carrière, à laquelle il est donné, pour juste couronnement, d'assister à la renaissance du gouvernement libéral et parlementaire, objet de ses premières comme de ses constantes prédilections : mais si cette satisfaction considérable est accordée par la Providence à M. Borély, combien de sujets de tristesse et d'amertume pour cette âme patriotique et fière! La patrie envahie et le territoire démembré, voilà pour le sentiment national; la démagogie, quelques mois victorieuse, mais laissant de longues et lamentables traces de son passage, la ligue reformée du trône et de l'autel, voilà pour le sentiment politique; les mœurs affaissées et les intelligences écrasées sous le cauchemar d'événements inouïs se succédant coup sur coup, voilà pour le philosophe! Dans cette universelle incertitude, conséquence, sinon prélude, d'égarements et de bouleversements, M. Borély a pensé que l'un des pouvoirs régulateurs de la société, la justice, déviée de sa ligne naturelle, pouvait beaucoup pour la régénération de la France, à condition d'être soustraite aux influences qui l'ont énervée, et reconstituée dans le sens des temps nouveaux : il a élaboré un plan de réforme judiciaire à l'appui duquel il apporte et les témoignages de sa pratique personnelle, et les communications qu'il a échangées avec nombre des plus grands esprits de notre temps.

De ce plan de réforme, nous nous bornerons à donner un aperçu et à dire notre sentiment général; ce n'est pas ici le lieu de l'apprécier en détail; la place nous manque et aussi la compétence; mais nous tenons à donner la substance des idées de M. Borély sur ce grave sujet et y joindre notre avis.

Substitution d'un nouveau personnel de juges à l'ancien; réduction du nombre des magistrats; compétence de la Cour suprême étendue et embrassant notamment la présidence des Cours d'assises; suppression partielle du ministère public; juges plus éloignés des justiciables, sans limite d'âge, ni avancement, ni décorations; élévation notable des traitements; enfin, transition ménagée par la conservation viagère des traitements à tous les magistrats actuellement en fonctions : tel est le croquis des réformes projetées pour rendre à la justice en France son autorité, son relief, sa puissance morale.

La plupart des améliorations que M. Borély indique l'opinion les ratifiera : une des plus importantes à nos yeux est la réduction du nombre des tribunaux et des magistrats : avec la facilité actuelle des communications, cette réforme est des plus aisées; ce qui l'est moins, c'est de mettre en garde le magistrat contre les suggestions de la brigue, de l'ambition, de la vanité; des conditions sérieuses d'entrée et d'avancement y pourvoiront dans une certaine mesure seulement, car, malgré notre admiration pour la Grande-Bretagne, il y a dans son état social et dans ses mœurs des éléments que la France ne s'assimilera jamais; elle en a d'autres au contraire que nous pouvons lui emprunter : le respect de la loi, le respect du juge par le justiciable, et avant tout du juge par lui-même.

La longue pratique judiciaire de M. Borély l'a rendu témoin d'une foule de compromissions regrettables où la magistrature s'est laissé entraîner, soit dans des vues politiques, soit par des préoccupations personnelles : son caractère en a été singulièrement amoindri, et, par suite, une des principales garanties de l'état social se trouve en péril. Ce danger frappe beaucoup de bons esprits à l'époque de transition que nous traversons, et l'Assemblée nationale est à l'heure qu'il est saisie de projets formels de réorganisation : le livre de M. Borély peut fournir à nos législateurs, avec de précieux renseignements, des indications pratiques : il offre, en outre, à tous les lecteurs, le récit attachant d'une vie entièrement dévouée à la défense des idées libérales, traversée par d'injustes disgrâces, animée et remplie par un travail incessant de lecture, d'observation, d'analyse; d'ailleurs mêlée et associée constamment aux efforts des plus grands hommes de France et d'Angleterre.

C'est là, en effet, dans cette noble et courageuse carrière d'un magistrat toujours sur la brèche, même lorsqu'il n'est plus magistrat, c'est là le trait le plus caractéristique : M. Borély a vécu en constante communion de sentiments, en incessant échange d'idées avec les initiateurs et les vulgarisateurs de la pensée libérale: le second volume de son ouvrage contient en foule des lettres autographiées, signées de ces noms qu'il suffit de nommer : Lafayette, Béranger, Dupin, Dupont de l'Eure, l'amiral Baudin, Mignet, mais par-dessus, le feu chancelier d'Angleterre, lord Brougham, et le président actuel de la République française, M. Thiers; de ces deux personnages, le premier a été comme la personnification de la loi dans le pays par excellence de la légalité, et offrait à la France, par l'intermédiaire de M. Borély, les conseils de son impartiale et souveraine expérience; quant au second, qui tient aujourd'hui une place plus grande que jamais dans les destinées de son pays, il ne cessait de poursuivre ce but qui échappe toujours à la France, mais auquel elle ne renonce jamais : l'union d'une autorité réglée et d'une liberté féconde.

En lisant les pages originales et émues de tant d'auteurs différents, presque tous illustres, en relisant les instructions libérales, les discours énergiques de l'ancien procureur général d'Aix, et surtout sa prophétique harangue de rentrée de 1847 (*le Jury et la Presse*), on suit un véritable cours de politique constitutionnelle, égayé d'ailleurs par des digressions curieuses, des anecdotes piquantes, des réflexions primesautières, tout un désordre pittoresque qui révèle une âme fortement trempée, un caractère énergique, un *homme* plus encore qu'un *auteur*. C'est par là, en effet, que ces deux volumes, consacrés à la plus austère des causes, la justice, tranchent sur une foule de publications contemporaines : on voit qu'ils ont été écrits sous l'action des événements, sous la pression des faits; on y sent le contre-coup des émotions politiques et morales de la France moderne, cherchant péniblement sa voie : on y démêle l'accent d'un libéral de vieille date qui a toujours vécu comme dans une maison de verre, agi comme il pensait, et développé par une constante activité toutes les forces de son esprit et de son corps : légiste et agronome, penseur et *gentlemen-rider*, défenseur passionné des causes justes et des opprimés, M. Borély pratique, dans une verte vieillesse, le *laboremus* de l'empereur Sévère et l'*exertion* des Anglais : son livre donne l'idéal d'une magistrature, mais sa vie a donné l'idéal du magistrat!

ISIDORE CAHEN.

(*Archives israélites*, 14 mars 1873.)

RÉFORME JUDICIAIRE

DE LA JUSTICE ET DES JUGES, par *M. Borély*, ancien procureur général, 2 vol. Paris, Germer Baillière.

Nous recommandons l'article suivant à nos législateurs. Il s'agit d'un livre que nous avons déjà fait connaître à nos lecteurs.

Nous venons de lire le livre que l'ancien procureur général, M. Borély, vient de publier, et cette lecture nous a vivement impressionné.

Si M. Borély n'avait eu d'autre but que celui de démontrer la ferveur de son culte pour la justice, sa vive sollicitude pour la dignité magistrale, son livre était inutile. L'opinion publique est depuis longtemps édifiée à ce sujet, et vingt ans d'exercice de la plus haute magistrature prouvaient, sans réplique, qu'aucune considération n'avait jamais fait fléchir ni cette ferveur, ni cette sollicitude.

J'en ai eu personnellement la preuve et je suis heureux de le confesser publiquement. A la suite de la malheureuse insurrection de Lyon, un membre de parquet, de ceux qui voient dans un excès de zèle un moyen d'avancement, sollicitait contre moi un mandat d'arrêt qui ne pouvait avoir pour base que mon opinion républicaine bien connue; mais, quoique à cent lieues de cette opinion, le procureur général, inaccessible aux entraînements de parti, alors que la législation elle-même s'en inspirait, repoussa cette demande. Ce ne pouvait être l'amitié qui le portait à agir ainsi. Ce n'est, en effet, que longtemps après, et lorsque par reconnaissance j'eus inscrit son nom en tête de mon *Commentaire des Faillites*, qu'il me fut donné de l'approcher, de le connaître et d'apprécier les hautes qualités qui lui ont valu tant et de si illustres amitiés.

Violemment rejeté dans la vie privée par une brutale et inique destitution, M. Borély a été dans la retraite ce qu'il avait été sur son siége de magistrat. On s'explique dès lors son ardente indignation contre tout ce qui était de nature à blesser la justice et à compromettre la dignité du magistrat.

Pour M. Borély, l'homme voué au service de la justice doit se retrancher dans une sphère aussi élevée, aussi pure que le sacerdoce qu'il est appelé à exercer; il pense, avec son célèbre ami lord Brougham, que « les juges doivent être au-dessus de toute influence, ou garantis de toute cause fâcheuse qui pourrait faire pencher la balance d'un côté ou de l'autre; si la balance paraît même trembler, l'hermine est déshonorée; la justice doit être non-seulement sans tache, mais sans soupçon; les juges doivent non-seulement être justes, mais le paraître. »

Or, rien dans notre organisation judiciaire n'est de nature à atteindre cet indispensable résultat. Comment, en effet, l'obtenir de ce régime arbitraire de nomination et de l'avancement? Le désir de monter est une maladie qui se manifeste par un excès de dévoûment et de complaisance pour celui qui seul peut le réaliser, et de trop fâcheux exemples nous prouvent jusqu'où peuvent aller ce dévoûment et cette complaisance.

Or, la possibilité seule que le juge puisse rendre non des arrêts, mais des services, excite la méfiance publique. Car, comme le disait avec raison M. Em. Arago: « La force du droit s'altère au détriment de l'ordre social, dès que les fonctions de la magistrature n'appartiennent pas toutes à des citoyens investis de la confiance publique; et nul ne soutiendra que le recrutement de nos cours et tribunaux, tel qu'on l'a pratiqué pendant un bien long temps, leur assure aujourd'hui d'universels respects. »

Interrogez l'opinion publique à ce sujet, et elle vous répondra par l'organe de M. Béranger (de la Drôme): « Que des avancements sans pudeur de quelques privilégiés ont excité les soupçons contre tout le corps judiciaire. »

Quelles pouvaient être, en effet, les conséquences d'un système auquel le rapporteur d'une Commission de l'Assemblée nationale pouvait adresser ce reproche: « De permettre de payer, avec les fonctions les plus redoutables du monde, tous les services, tous les dévoûments? »

Ajoutons que la conduite de certains élus n'était pas de nature à rassurer et à ramener l'opinion publique.

Le mal existait donc, et M. Borély, qui avait été mieux que personne en position de le constater, devait plus que personne en gémir. C'étaient ses convictions les plus intimes, c'était le culte de toute sa vie qui se trouvaient en péril. Souffrant lui-même des atteintes que subissait sa chère justice, ne devait-il pas chercher à lui rendre son auréole qui peut seule lui en assurer l'efficacité.

Or, plus le mal était grave, plus il était invétéré, plus le remède devait être radical et héroïque. C'est ce remède que M. Borély propose dans son plan de réorganisation judiciaire.

On lui reprochera d'avoir copié l'Angleterre, en lui empruntant, du moins en grande partie, les institutions qu'elle s'est données en cette matière.

Ce reproche ne saurait être sérieux. Nous comprenons fort bien qu'on ne soit pas anglomane, mais nous ne comprendrions pas qu'on fût anglophobe. Lorsqu'il s'agit d'institutions, on n'a pas à se préoccuper de la pratique suivie dans tel ou tel pays; ce dont on doit uniquement s'enquérir, c'est de leur utilité, de leur praticabilité.

Or, celle-ci ne saurait offrir le moindre doute. Il est évident que le fonctionnement du plan proposé par M. Borély ne rencontrerait aucun obstacle sérieux, ne viendrait se heurter à aucune impossibilité réelle.

Quant à son utilité, nous en sommes pleinement, entièrement convaincu, et voici ce qui nous a inspiré cette conviction:

La nécessité, l'urgence d'une réforme de notre organisation judiciaire est aujourd'hui universellement reconnue. En le proclamant naguère, un de nos plus éminents concitoyens, M. Odilon Barrot, indiquait quels devaient en être les éléments.

« J'ai reconnu, disait-il, que les réformes partielles qui paraissent avoir la faveur du public en raison précisément des facilités qu'elles offrent dans leur réalisation, ne vont pas au fond du mal et le laissent subsister presque tout entier. Ainsi, quand on atténuerait, par des candidatures ou par des concours, le danger des nominations et des avancements arbitraires, aurait-on remédié au nombre excessif des juges, ce vice capital de notre organisation judiciaire; aurait-on corrigé les complications d'une procédure qui rend ce nombre indispensable; aurait-on trouvé le moyen d'élever assez la position des magistrats pour les placer au niveau des plus hautes situations de l'Etat, pour les mettre au-dessus de toute influence quelconque; aurait-on réalisé ce résultat désiré, que les hommes les plus éminents du pays rechercheraient l'honneur de siéger dans une Cour; aurait-on fait disparaître ces limites apportées à la compétence de la juridiction ordinaire; aurait-on évité enfin cette confusion du fait et du droit qui jette tant d'incertitudes dans la distribution de la justice, et qui, d'un tribunal fait un jury permanent avec tous ses dangers? »

Le projet de M. Borély réalise tous les *desiderata* de M. Odilon Barrot; il réduit le nombre des juges et corrige les complications de la procédure; place la magistrature à une telle hauteur et assure aux magistrats un traitement si convenable, que les hommes les plus éminents se feront un honneur de recevoir cette qualité; par là même il garantit les juges contre toute influence quelconque; il fait disparaître toutes les limites qui viennent entraver la compétence de la juridiction ordinaire et assure aux justiciables bonne et prompte justice; enfin, en supprimant tout avancement, il détruit la cause qui a le plus aliéné le prestige dont la magistrature a un si pressant besoin.

Le seul regret que nous puissions éprouver, c'est quà l'exemple de M. Odilon Barrot, M. Borély n'ait pas cru devoir appeler le jury à prononcer au civil comme au criminel, et en lui confiant la décision du fait, fait également disparaître cette confusion qui jette tant d'incertitude dans la distribution de la justice. Mais si quelque chose pouvait atténuer l'absence du jury, ce serait, il faut le reconnaître, les garanties d'impartialité que présente la magistrature dont M. Borély veut doter le pays.

Sera-t-il écouté et son plan trouvera-t-il place dans nos lois? Nous le désirons, mais sans trop l'espérer; non pas que nous doutions de son utilité et de son efficacité, mais il s'écarte tant de la routine, et cette sainte a chez nous une influence si considérable!

Quoi qu'il en soit, l'idée est lancée, et comme toutes les bonnes idées elle fera son chemin, et les inconvénients toujours croissants de la pratique actuelle contribueront puissamment à son triomphe. M. Borély peut être fier de son initiative; c'est un nouveau service, et certainement pas le moindre de ceux qu'il a déjà rendus au pays.

Ajoutons en terminant que chez M. Borély le réformateur n'a pas effacé l'homme de la justice. N'est-ce pas, en effet, pour obéir à ses exigences qu'il demande que la magistrature ancienne conserve ses traitements dans toute leur intégrité et qu'il n'y ait plus ni mise à la retraite, ni honorariat pour personne ? On ne saurait être plus conséquent avec soi-même, et cette inébranlable persistance dans un sentiment aussi respectable sera sera l'honneur éternel de M. Borély.

BEDARRIDE

**Ancien bâtonnier de l'ordre des avocats,
membre de l'Académie de législation.**

RÉFORME JUDICIAIRE

DE LA JUSTICE ET DES JUGES, par *M. Borély*, ancien procureur général, 2 vol. Paris, Germer Baillière.

Nous venons de lire avec une émotion attachante et un intérêt qui ne s'est pas un seul instant démenti, l'œuvre considérable publiée sous ce titre par un des hommes qui honorent le plus notre vieille magistrature française, et qui a réuni dans ces deux volumes les souvenirs, les études et les travaux d'une expérience de plus de soixante années.

M. Borély n'est pas seulement une autorité comme magistrat. Comme homme, c'est une figure, et des plus curieuses et des plus nobles de ce temps. A quatre-vingt-cinq ans, portant avec une verdeur proverbiale en Provence, cette vieillesse vigoureuse et toujours active dont quelques hommes d'Etat, presque tous ses amis, donnent avec lui l'étonnant exemple à notre génération, il rappelle à s'y méprendre l'image qu'on se fait des parlementaires d'avant la Révolution. Compatriote et familier des Thiers, des Mignet, des Portalis, des Siméon, des Laboulie père, ayant vécu dans l'intimité de Manuel, de Dupont (de l'Eure), de Martignac, des de Sèze, des Lainé, des Berryer, des de Serre, de Béranger le poète et de Bérenger le jurisconsulte, de Casimir Périer, de Benjamin Constant, de Lacordaire; voisin de campagne inséparable, pendant de longues années, de lord Brougham, qui le traitait en frère, et par qui il s'était lié avec les plus illustres magistrats de la Grande-Bretagne ; entré en 1810 comme auditeur à cette même Cour royale d'Aix dont il fut institué procureur général en 1830 et qu'il ne quitta que deux mois avant la révolution de 1848, par suite d'une révocation encourue pour un discours de rentrée (qu'il appelle lui-même un discours de sortie) sur la presse et le jury, il refusa successivement toutes les offres que lui firent les gouvernements qui succédèrent à celui de Louis-Philippe, et consacra ses vingt années de retraite aux loisirs élevés, aux œuvres de bienfaisance et à la culture des grandes amitiés qui lui sont restées fidèles pendant cette longue carrière dont il nous donne aujourd'hui l'histoire et qui se résume moralement en ces deux maximes de toute sa vie : séparation de la justice et de la politique, indépendance et amélioration de la magistrature.

Nous ne dirons pas, habitué que nous sommes à franchement exprimer notre pensée, que tout soit irréprochable et acceptable dans les projets de réorganisation judiciaire du savant, spirituel et quelquefois paradoxal auteur. Nous regrettons même qu'un peu de ressentiment envers certains hommes ait, rarement il est vrai, mais trop souvent encore pour un philosophe, altéré la sérénité de son jugement toujours si droit, et poussé sa verve méridionale — une des plus vivaces et des plus sympathiques pourtant ! — jusqu'à des accusations qui ne sont pas toujours de bon goût et de bonne confraternité. Nous ne cacherons pas enfin, au point de vue purement littéraire, que des formes vieillies, l'abus des citations et des répétitions, l'habitude du réquisitoire et la pompe des formules sentencieuses ne nuisent un peu, comme dans presque tous les livres de cette spécialité et de cette étendue, à l'intérêt général de l'œuvre.

Mais ces réserves faites, et elles ne s'appliquent qu'à la surface, nous ne croyons pas, qu'en ce moment surtout où tous les regards sont tournés vers la magistrature, c'est-à-dire vers le seul des grands principes sociaux encore respecté et redouté, beaucoup de publications soient appelées à rendre plus de services et à éveiller plus de salutaires réflexions que ces deux volumes auxquels nous regrettons de ne pouvoir consacrer autre chose qu'une succincte indication. Nous aurions voulu surtout, si la place ne nous eût manqué, citer dans les chapitres sur lord Brougham, sur les élections, sur les annonces judiciaires, une foule de passages empreints du souffle le plus libéral et de l'impartialité la plus ferme et la plus éloquente, ou rappeler (et c'eût été sa place naturelle dans un journal) ce remarquable discours de rentrée de 1847, où le double rôle de la presse et du jury fut si magnifiquement apprécié, et qui, motivant la disgrâce de son courageux auteur, lui valut en même temps d'admirables témoignages de félicitations et d'amitié (dont le livre contient la reproduction autographiée), émanées de Béranger, de Dupont (de l'Eure), de l'amiral Baudin, de lord Brougham, dont la correspondance avec M. Borély n'est pas l'un des moindres intérêts du livre; de M. Mignet, etc.

D'autres autographes de M. Thiers, du général Lafayette, de M. Dupin; une foule de circulaires sur des points importants d'administration et de discipline; des articles nécrologiques et des lettres confidentielles où l'originalité de la forme le dispute à l'élévation de la pensée, nous auraient aussi fourni matière à citations. Nous y renvoyons le lecteur, à qui nous garantissons, s'il apporte à cette lecture l'attention que nous y avons mise, autant de surprise et de satisfaction que nous en avons éprouvé, autant de foi et de respect pour la justice qu'en professe l'auteur lui-même, qui, dans son ardeur à réformer ce qu'il croit en être le côté faible, ne montre que l'amour qu'il lui porte, le zèle qu'il lui a voué et l'honneur qu'il a conquis à la servir si dignement.

R.

(*Le Bien public*, 14 avril 1872.)

RÉFORME JUDICIAIRE

De la Justice et des Juges, par *M. Borély*, ancien procureur général, 2 vol. Paris, Germer Baillière.

Il ne nous paraît pas inopportun, à la veille d'une nouvelle discussion, à Versailles, du projet de loi relatif à notre réorganisation judiciaire, de signaler à l'attention de tous ceux qui s'intéressent à cette grave question les deux volumes publiés récemment sur cette matière à la librairie Germer-Baillière. M. Borély, l'auteur de *la Justice et des juges* (c'est le titre de l'ouvrage en question), est un ancien procureur général, magistrat fort connu et fort estimé en Provence, le vieil ami de M. Thiers et de M. Mignet. On trouvera dans ces volumes plusieurs lettres de ces messieurs à l'ancien procureur général sous le gouvernement de Juillet, qui témoignent en faveur de cette vieille et inaltérable amitié. Le nom de M. Borély n'est d'ailleurs pas tout à fait étranger à nos lecteurs. M. Prevost-Paradol, qui avait connu M. Borély pendant son séjour à la Faculté des Lettres d'Aix, et qui était très-préoccupé de la réformation de notre système judiciaire, a plusieurs fois cité à l'appui de ses critiques l'autorité et l'exemple de M. Borély. Ajoutons aussi que lord Brougham, dont M. Mignet, à l'Académie des Sciences morales et politiques, et M. Othenin d'Haussonville, dans la *Revue des Deux-Mondes*, ont parlé avec tant de compétence, s'était lié très-étroitement avec notre ancien procureur général. C'est même des conversations avec lord Brougham que sont sorties les principales réformes dont M. Borély nous fait aujourd'hui l'exposé dans son ouvrage.

« Pour assurer l'indépendance des juges, écrivait lord Brougham à M. Borély en décembre 1843, on les fait inamovibles chez vous comme chez nous ; ils restent dans leurs fonctions *quamdiù se benè gesserint;* mais là finit la ressemblance des deux systèmes. Nous avons cru que l'indépendance judiciaire exige quelque chose de plus : l'inamovibilité peut garantir contre l'influence de la Couronne; mais nous voulons que ces hauts fonctionnaires soient encore mis à l'abri des partis, des ministres, des chefs de l'opposition ; en un mot, qu'ils ne se mêlent aucunement de politique et qu'ils soient en dehors de toute influence des factions, sauf toujours l'influence salutaire, comme inévitable de l'opinion publique, devant laquelle tous les fonctionnaires tant politiques que judiciaires doivent être responsables.

« Pour atteindre ce but, nous avons établi en principe leur exclusion absolue de la Chambre des Communes : les juges chez nous ne sont pas éligibles, ne peuvent pas siéger parmi les représentants du peuple; ainsi on ne les voit jamais solliciter des voix, haranguer le peuple, assister aux réunions populaires d'aucune espèce, se mêler aux débats soit dans la Chambre, soit dans la ville, voter ou travailler pour soutenir ou renverser un ministère. Ils sont étrangers aux intrigues des partis de la cour comme à la violence des factions [1]. »

Puis lord Brougham, après avoir fait remarquer à M. Borély que les juges ne doivent pas seulement être justes, mais le paraître, indique cette autre différence entre les deux systèmes judiciaires en Angleterre et en France :

[1] Tome Ier, page 142.

« .... Il y a une autre différence entre les deux systèmes : vos juges sont, ce semble, mal payés, et les nôtres ne le sont pas trop bien ; ils n'ont que ce qu'il faut pour nous assurer le choix des meilleurs avocats. Nous sommes d'avis que le salaire des juges doit être assez considérable pour qu'un ministre de la justice ne trouve jamais difficile la nomination des avocats les plus habiles et qui ont la plus grande clientèle. »

Ces remarques si judicieuses ont été constamment présentes à l'esprit de M. Borély pendant qu'il traçait le plan de sa réforme judiciaire, et l'on reconnaît dans chaque article de son projet des idées ou des vues d'importation britannique. La préoccupation dominante de notre auteur est, en effet, de soustraire nos juges à la triple et fâcheuse influence des plaideurs, des partis, du gouvernement, et il n'a cru pouvoir mieux atteindre cet excellent résultat qu'en s'inspirant de l'organisation judiciaire de l'Angleterre. Notons aussi que les longues années passées dans la magistrature française lui ont fourni ample matière à réflexions et à critiques. Aussi n'hésite-t-il pas à supprimer les discours de rentrée, où l'éloge du gouvernement et de ses agents tient d'ordinaire la plus grande place. Si M. Borély va parfois trop loin dans sa critique de notre magistrature, il trouve son excuse dans l'idée élevée qu'il se fait du rôle et des devoirs des magistrats. Selon lui, le meilleur moyen de soustraire les juges aux influences locales, aux obsessions des plaideurs, c'est leur éloignement des justiciables. « Il faut, dit-il, que le juge soit éloigné des justiciables. Le juge errant et au loin, personnellement inconnu dans les circuits qu'il parcourra, mais hautement estimé par une grande renommée de savoir et de dévouement, ne sera absorbé ni par les plaideurs ni par les solliciteurs. »

Comme M. Borély veut aussi les juges indépendants des partis et du gouvernement, il leur interdit l'entrée dans les assemblées nationales, départementales et municipales, leur enlève tout espoir d'avancement et ne leur permet de présider aucun comité, ni d'accepter aucune décoration. Le législateur n'aurait cependant rempli que la moitié de sa tâche, s'il se bornait à exiger des magistrats l'indépendance sans les lumières. Aussi M. Borély demande-t-il des juges très-éclairés et compte-t-il sur une élévation notable des traitements pour attirer dans les rangs de la magistrature les plus beaux talents du barreau. Ainsi font les Anglais, comme nous le rappelait tout à l'heure lord Brougham, et personne ne s'avise de blâmer cette conduite. « Un jour, nous dit M. Borély, je sortais d'une Cour d'assises de Londres, et, me trouvant en face du marché aux porcs, je demandai à un porcher s'il connaissait le président de ces assises. — Oui, me dit-il, ce digne magistrat que vous venez de voir est un des plus jeunes et le moins rétribué, puisque, comme simple juge de la Cité, il n'a que 2,000 liv. st. d'appointements, la moitié du traitement des autres. Il gagnait cependant le double comme simple avocat ; il en mériterait certainement davantage, car c'est un juge aussi éclairé qu'indépendant [1]. » M. Borély estime que le peuple français jugerait ainsi ses magistrats et verrait du même œil l'élévation des traitements, si les magistrats lui inspi-

[1] Tome I, page 380-81.

raient le même respect et lui rendaient les mêmes services.

Sortons des généralités et exposons brièvement les principaux traits de la réforme de M. Borély. Le projet, qui comprend quarante-neuf articles, se divise en sept chapitres. L'idée maîtresse de cette réforme, c'est l'institution d'une Cour suprême composée du ministre de la justice, président de la Cour, de cinq présidents et de cinquante conseillers. De cette Cour, comme d'une source élevée, sortira la justice de l'Etat, qui se répandra par circuits d'assises dans toutes les juridictions territoriales actuellement établies et légalement maintenues (articles 9 et 2). On établira dans cette Cour autant de sections que le demanderont les besoins des justiciables. Comme les juridictions territoriales actuelles sont maintenues, elles auront leurs assises respectives suivant la gravité des faits et dans lesquelles le jury a sa place marquée. Une fois que le ministre de la justice aura arrêté le lieu et l'ouverture des assises, la Cour suprême choisira parmi ses conseillers les présidents de circuits, et ceux-ci, selon qu'ils se rendront aux assises de telle ou telle juridiction, auront pour jurés et pour assistants telle ou telle catégorie de personnes. Aux assises dans les ressorts, les assistants seront pris parmi les magistrats instructeurs du ressort, et les jurés parmi les membres des conseils généraux. Dans les juridictions intérieures, les juges de paix avec les jurés d'arrondissements ou les juges de paix seuls prêteront leur concours aux présidents de circuits.

M. Borély n'a pas omis de fixer le traitement de chacun de ces magistrats, le nombre des membres des tribunaux auxquels il laisse le soin d'expédier les affaires les plus urgentes.

Ces quelques indications, tout incomplètes qu'elles soient, suffiront à donner une idée de la réforme proposée par M. Borély et à en faire comprendre le véritable esprit. C'est assez pour nous si nous avons décidé nos lecteurs à parcourir les deux volumes en question. Ils pourront trouver les idées de M. Borély radicales, défectueuses ou inapplicables, mais ils emporteront certainement la conviction que tout n'est pas excellent dans notre système judiciaire et que la sévérité parfois excessive de M. Borély envers notre magistrature vient d'une appréciation très-élevée et très-exacte à la fois de l'importance des fonctions judiciaires.

EUGÈNE DUFEUILLE.

(*Journal des Débats*, 1er mai 1872.)

RÉFORME JUDICIAIRE

DE LA JUSTICE ET DES JUGES, par *M. Borély*, ancien procureur général, 2 vol. Paris, Germer Baillière.

Dieu, en créant l'homme, a gravé dans son cœur le sentiment du juste. Ce sentiment est une lumière qui le guide à travers ce labyrinthe de la vie, une force contre le mal. Il est à la base de nos actions. C'est lui qui en fait le mérite et le démérite, selon qu'il est observé ou foulé aux pieds. Les mauvaises passions peuvent l'obscurcir, le dénaturer même, mais jamais l'anéantir. Il est attaché à la nature humaine, comme l'intelligence est attachée au cerveau, et ne périt qu'avec elle.

Lorsque, sortant des profondeurs de l'âme, il prend une forme, un nom, on l'appelle *justice*. La justice est donc le sentiment du juste, appliqué aux actions humaines. Quand elle se rapproche le plus de ce sentiment, qu'elle en est l'expression fidèle, elle est parfaite. Le magistrat le plus digne est celui qui n'écoute que lui, qui repousse, avec indignation, toute pensée, toute action qui ne serait point conforme à de saintes prescriptions.

Dans le langage ordinaire, cette répulsion prend le nom d'indépendance. Le magistrat indépendant ne se laisse corrompre ni par la flatterie, ni par l'intérêt, ni par la pitié, ni par l'intimidation. Assis sur son siége, il méprise toutes les passions humaines qui voudraient le faire dévier des sentiers étroits de la justice. De quelque hauteur que tombent les ordres qu'il reçoit, il n'écoute que sa conscience : Je rends des arrêts et non pas des services.

Tel est le caractère qui ressort du livre de M. Borély. Il était né magistrat. Le double sentiment du juste et de l'indépendance se trouve écrit dans toutes les différentes phases de sa longue vie. Enfant, collégien, étudiant en droit, auditeur, vice-président du tribunal civil de Marseille, procureur général, magistrat émérite, il y a toujours, dans les pièces justificatives, quelque trait de justice, qui nous le fait connaître et aimer. Mais, il en est un surtout, qui fait sa gloire et l'admiration de ses adversaires, comme celle de ses amis.

Le gouvernement de Juillet, qu'il aimait tant, semblable à celui de la Restauration, s'était immiscé dans la justice. Les annonces judiciaires étaient accordées, à l'exclusion des journaux de l'opposition, aux journaux du pouvoir; les places dans la magistrature servaient de monnaie électorale; une dame avait le triste courage de dire à un chef du parquet : Il me faut la place de substitut au tribunal de Brignoles, pour un tel; je l'aurai, sans vous, et malgré vous. La presse et le jury étaient déjà souillés par la politique. A la vue de tous ces abus, de toute cette corruption, pénétrant à larges voiles dans le sanctuaire de la justice, sentinelle vigilante, le procureur général d'Aix trace, dans un remarquable discours d'entrée, 3 novembre 1847, leurs devoirs respectifs. Peu de temps après, pour récompense de son zèle à retenir ce pouvoir sur le penchant de l'abîme, il reçoit sa destitution. C'est ce discours qu'il appelle spirituellement son discours d'entrée et de sortie. Bon nombre de ses amis, MM. Dupin aîné, Mignet, Béranger, Dupont de l'Eure et d'autres lui adressent leurs félicitations et leurs regrets.

Prophète de malheur, l'accomplissement de sa prophétie ne se fit pas longtemps attendre. Quelques mois après, le 24 février 1848, le trône de Louis-Philippe, qu'il voulait sauver, s'écroulait, comme celui de Charles X, sous le poids de la corruption. Ainsi a péri le trône de Napoléon III, trois trônes qui dans le court espace de quarante ans sont tombés, en grande partie par ce ver rongeur de la politique, attaché au siége sacré de la justice. Ainsi périront tous les gouvernements qui voudront faire de cette fille du ciel leur humble servante. Aussi, les Anglais les ont complétement séparés, et leur trône est le plus solide du monde.

Le travail de M. Borély se divise en deux volumes. Dans le premier, il signale ces abus ; dans le second, il en fournit la preuve par des pièces authentiques. Il n'est aucun fait, qui se rattache de près ou de loin à la justice durant les dix-sept années de ses hautes fonctions de chef du parquet, qu'il ne fasse connaître à ses subordonnés, en leur traçant la conduite qu'ils ont à tenir. Il leur adresse des circulaires sur les processions, les morts violentes, la chasse, les jeux, les élections, toutes animées de l'esprit libéral le plus pur. On voit, en lui, le gardien de la loi, toujours l'œil ouvert, afin qu'elle soit fidèlement observée dans toute l'étendue de son ressort.

De tous ces faits, de tous ces abus plus ou moins graves, il conclut à une réforme judiciaire. Il propose une loi *ad hoc*. Nous ne nous permettrons point de la juger; nous ne sommes pas compétent pour cela. Mais tout autant qu'il nous est possible de l'apprécier, il nous semble qu'elle est un mélange de la loi anglaise et de la loi française. Ainsi il voudrait que la justice, en France, fût complétement séparée de la politique, comme elle l'est en Angleterre. Le chancelier anglais nomme aux places de magistrat, sans consulter ses collègues, ni même la reine. Le nombre des juges est très-restreint, fortement payés, pour avoir les magistrats les plus capables et à l'abri du besoin de solliciter pour eux ou pour leurs proches. Ces idées sont exprimées dans plusieurs lettres de son noble ami lord Brougham. C'est dans l'intimité de ce grand jurisconsulte, à Aix et à Cannes, que notre excellent procureur général a probablement conçu ces idées de réforme judiciaire.

Par sa haute raison et son noble caractère, il s'était lié d'une profonde affection avec les célébrités de l'époque. Il était du nombre de cette pléïade illustre que formaient les Manuel, les Lafayette, les Dupin, les Dupont de l'Eure, les Baudin, les Mignet, les Thiers. Il donne des lettres autographes de plusieurs d'entre eux. On aime à lire ces épanchements de l'amitié, et surtout ceux de son illustre ami, si affectueux et si tendre, le sauveur de la France.

Les divers gouvernements qui se sont succédé depuis 1848 ont cherché à se l'attacher par les postes les plus élevés; mais il les a tous refusés. Après avoir occupé pendant quarante ans divers siéges de la justice, M. Borély s'est retiré dans sa terre de Gardanne. Occupé d'agriculture et de verser des bienfaits autour de lui, il a voulu donner une dernière marque d'affection à cette magistrature qu'il a tant aimée! A l'âge de 85 ans, il a rassemblé ses notes et ses souvenirs et les a donnés au public. Nos vœux et notre reconnaissance l'accompagnent dans sa retraite.

P. DE L.

(*Echo des Bouches-du-Rhône*, 30 juin 1872.)

L'article suivant, qui n'a paru dans aucun journal, mérite cependant une place privilégiée pour l'auteur du livre et l'auteur de l'article.

Il est relevé une circonstance qui n'a été aperçue d'aucun. Cette circonstance est peut-être celle à laquelle l'auteur tient le plus. Il est vrai que l'aristarque actuel est parmi ses compatriotes celui qui, par son bon esprit et ses intelligents travaux, est un de nos Marseillais les plus dignes et les plus estimables.

En plaçant en tête de chaque volume deux grandes physionomies qui rappellent le meilleur souvenir de l'indépendance magistrale après les malheurs de la Révolution, M. Borély a mis à ce double hommage tout ce qu'il était permis d'attendre d'un admirateur généreux et reconnaissant. Ces deux portraits sont du meilleur graveur de l'époque. Une notice d'une seule page dit tout. Mais ce qui est mieux dit, c'est que ces deux hommages sont offerts, l'un dix ans, l'autre six ans après la mort de ceux qui les ont si bien mérités.

RÉFORME JUDICIAIRE

De la Justice et des Juges, par *M. Borély*, ancien procureur général, 2 vol. Paris, Germer Baillière.

Nous avons sous les yeux des mémoires qui sont le produit d'une intelligence vive et aussi perspicace qu'aux jeunes ans. Il est doux de ne pas vieillir; il est bienséant de rester jeune auprès des siens, amis et compatriotes.

Ces deux volumes roses ont un titre significatif : *De la Justice et des Juges*, seul titre que pouvait donner un juge et un critique de la justice.

Ils s'ouvrent, l'un avec un portrait du sage Baffier, l'autre avec le portrait du baron de Fabry, ferme soutien de la vérité et du droit : *Recti verique tenax*.

Le même esprit, le même sentiment semble envelopper cette œuvre généreuse et énergique; l'hommage à la justice et la pensée continue d'appliquer les maximes du droit rigoureux aux institutions françaises, surtout en ces tristes temps où les défaillances morales semblent survivre aux défaites de l'envahissement.

Nous, plus consterné qu'aucun, nous reportons ces

grandes paroles à la justice qui, seule, plus que les armes elles-mêmes, peut amener cette transformation, la plus grande et la plus souhaitable de toutes.

Suit un projet de loi : Réorganisation de la Justice, condensé en 49 articles. Puis on arrive à l'introduction et à quelques chapitres qui expliquent la jeunesse de l'écrivain et ses premiers pas dans la vie magistrale. Pour répandre plus de clarté dans le récit, il eût été peut-être préférable de placer les articles de la réorganisation avec le chapitre qui y a trait. La clarté n'est jamais de trop. Ce n'est pas certes qu'elle fasse défaut chez celui qui a vu passer plusieurs générations et a conservé de tous ceux qui ont eu le bonheur de l'approcher un souvenir qui va souvent jusqu'à se rappeler avec une étonnante précision les plus petits détails de leur existence.

Il y a peu à dire sur le style, qui est celui d'un homme fait; d'un esprit qui a pris ses mesures dans la lutte contre le temps et qui maintient l'originalité de l'auteur. Ce style, qui rappelle le mot de Buffon : *Le style est l'homme même,* n'a jamais varié ; tel il était il y a un demi-siècle, tel nous le retrouvons aujourd'hui. C'est certes une grande cause d'estime. Pas plus que les idées, la manière de les exprimer n'a changé. Trop souvent le style avec l'âge court le risque de perdre son atticisme, de se vieillir, de s'alourdir.

Qu'on relise le fameux discours sur la presse et le jury, prononcé à une audience *solennelle de rentrée* et qui valut à son auteur une si brusque destitution, qu'il l'appela dès lors fort spirituellement un *discours de sortie.*

Qu'on relise les pages qui suivent, écrites d'hier à peine. C'est la même verdeur, la même ténacité à poursuivre le mal partout où il se trouve, et parfois aussi, disons-le, là où il ne se trouve pas ; c'est la même fermeté d'esprit qui fit dire de lui par M. Thiers, alors ministre, un jour qu'il se trouvait au parquet de la cour avec M. Mignet et sollicitait vainement communication d'un rapport que M. Borély croyait de son devoir de tenir secret : « Notre procureur général est maniaque de fermeté, d'ordre et d'impartialité. »

Plusieurs notabilités du siècle, appartenant à toutes les carrières libérales, ont eu le sort de figurer dans ce recueil et défilent tour à tour comme devant l'optique.

L'influence du grand chancelier d'Angleterre, l'intime ami de M. Borély, est manifeste dès les premières pages. L'auteur s'est honoré en accordant la place d'honneur au lord justicier, initiateur démocratique du progrès au sein de la sage Angleterre, où toutes les forces vitales et constitutionnelles se pondèrent, s'harmonisent, où la société est comme l'image du corps humain, avec cette croyance générale que les rois honnêtes, les aristocraties libérales, la bourgeoisie religieuse, les marchands colonisateurs sont des organes nécessaires aussi bien que les fonctions organiques de notre corps.

Ces deux grands esprits étaient faits pour se comprendre et vivre dans une étroite communion de sentiments. Ardents réformateurs tous les deux, esclaves du devoir, fermes et tenaces parfois jusqu'à l'impossible ; lorsqu'ils avaient conçu un projet, rien ne les arrêtait dans son exécution ou du moins dans son entreprise.

M. Borély, comme lord Brougham, est un de ces caractères coulés d'un seul jet ou taillés dans un seul bloc de marbre. Fils d'une génération aujourd'hui éteinte, il en a conservé toute la sève, toute l'énergie, toute l'impatience à réformer.

www.ingramcontent.com/pod-product-compliance
Ingram Content Group UK Ltd.
Pitfield, Milton Keynes, MK11 3LW, UK
UKHW020408230726
13925UKWH00003B/1305

9 782014 025149